EL BOSQUE DE LA PROSPERIDAD

EL LENGUAJE DEL DINERO

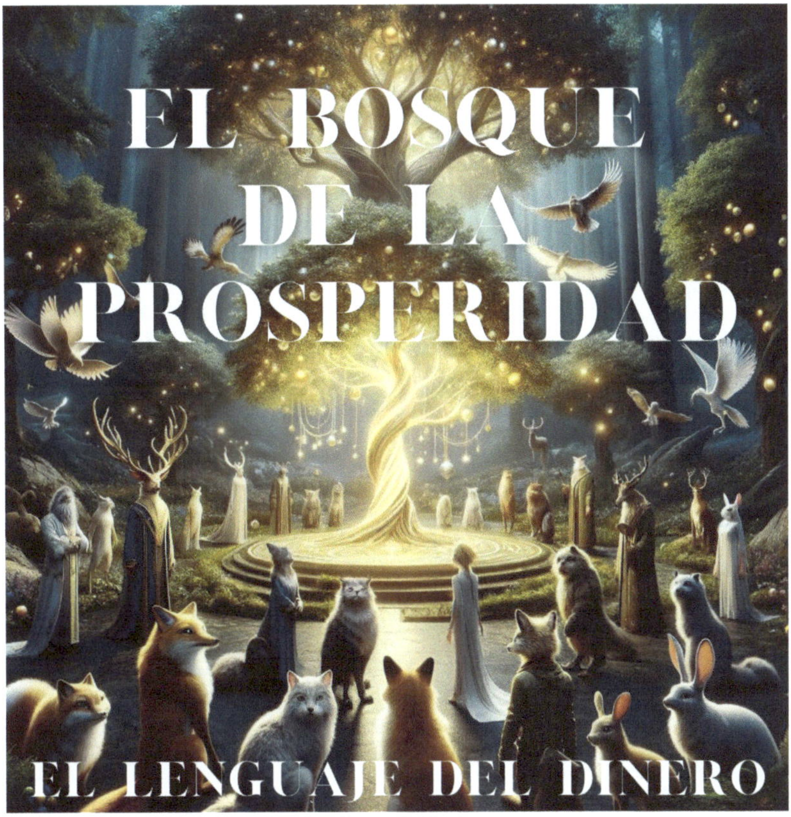

EL BOSQUE DE LA PROSPERIDAD

Fábulas sobre economía para el Viajero Moderno.

- Autor: ALBERTO ABEL YANEZ WALKER
- Ilustrador: ALBERTO ABEL YANEZ WALKER
- Editor: ALBERTO ABEL YANEZ WALKER
- Año de publicación. 2024

Publicado por [EDICIONES SHANGÓ]

[OLEIROS, GALICIA, ESPAÑA]

Dedicado a mis hijos Zóhar y Habana ambos son la luz de mi alma y la esencia de mi vida.

Agradecimientos

Santi Mendez, por su sincera amistad y apoyo incondicional, la brillantez de sus conocimientos son una fuente inagotable de motivación constante.

Concepto:
"El Bosque de la Prosperidad" es una colección de fábulas ambientadas en un bosque mágico donde animales y criaturas fantásticas enfrentan desafíos económicos y financieros. A través de sus aventuras, los lectores aprenderán principios de economía, la importancia del ahorro, la inversión, la gestión del riesgo, y la toma de decisiones financieras inteligentes.

Objetivo:
"El Bosque de la Prosperidad" busca educar a lectores de todas las edades en conceptos económicos básicos y avanzados de una manera entretenida y memorable, alentándolos a tomar decisiones financieras informadas en su vida diaria.

Este enfoque ofrece una mezcla única de entretenimiento y educación, haciendo que el aprendizaje sobre economía y finanzas sea accesible y atractivo para un público amplio, desde niños hasta adultos.

Índice de Fábulas

Capítulo 1: Fundamentos de Economía y Finanzas

Capítulo 2: Emprendimiento y Espíritu Empresarial

Capítulo 3: Inversión y Mercados Financieros

Capítulo 4: Comercio y Economía Global

Capítulo 5: Economía Sostenible y Ética

Capítulo 6: Manejo de Crisis y Estabilidad Económica

Introducción

Bienvenido al Bosque de la Prosperidad, un lugar mágico donde las lecciones de economía y finanzas cobran vida a través de las aventuras de sus peculiares habitantes. Este libro no es solo una colección de historias; es una guía para entender conceptos económicos complejos de manera simple y entretenida. Cada fábula ha sido cuidadosamente diseñada para ilustrar principios económicos fundamentales, desde el ahorro y la inversión y la ética en los negocios. Prepárate para embarcarte en un viaje inolvidable que enriquecerá tu mente y quizás, tu billetera.

- Propósito del libro.

El propósito de "El Bosque de la Prosperidad: Fábulas sobre economía para el Viajero Moderno" es ofrecer una introducción amena y accesible a conceptos económicos y financieros fundamentales a través de historias cautivadoras ambientadas en un mundo mágico y natural. Cada fábula, protagonizada por animales y criaturas del bosque enfrentando situaciones que reflejan dilemas económicos reales, está diseñada para transmitir lecciones valiosas sobre ahorro, inversión, emprendimiento, y manejo de crisis, entre otros temas importantes.

Este libro busca:

1. Educar e Inspirar: Alentar a lectores de todas las edades, especialmente a los jóvenes, a entender y aplicar principios económicos en su vida cotidiana. Las historias buscan inspirar la confianza para tomar decisiones financieras informadas y promover una mayor conciencia sobre la importancia de la economía en el mundo que nos rodea.
2. Promover la Reflexión: Invitar a la reflexión sobre cómo las decisiones económicas afectan no solo al individuo, sino también a la comunidad y al medio ambiente. Fomentar el pensamiento crítico sobre temas como la gestión de recursos, la ética en los negocios, y el impacto de nuestras acciones en el bienestar colectivo.
3. Fomentar Valores: Incitar la cooperación, la responsabilidad, y la previsión a través de las lecciones implícitas en las fábulas. Al compartir historias que destacan la importancia de la solidaridad, la perseverancia, y el cuidado del entorno, el libro busca sembrar valores positivos en los lectores.
4. Entretenimiento: Ofrecer una experiencia de lectura disfrutable y enriquecedora. Las aventuras de los personajes del Bosque de la Prosperidad están diseñadas para cautivar y entretener, haciendo del aprendizaje sobre economía una aventura fascinante y gratificante.

"El Bosque de la Prosperidad" es, en esencia, una puerta de entrada al mundo de la economía, una invitación a explorar cómo la sabiduría financiera puede mejorar nuestras vidas y el mundo en el que vivimos. Es una obra que busca empoderar a los lectores con el conocimiento y la motivación para navegar el viaje económico de sus vidas con sabiduría, responsabilidad, y una visión hacia el futuro.

"El Bosque de la Prosperidad: Fábulas Económicas para el Viajero Moderno" es una herramienta educativa diseñada para introducir y explorar conceptos económicos y financieros de una manera accesible y entretenida. Aquí te explicamos cómo se puede utilizar este libro para aprender sobre economía y finanzas:

1. Lectura Reflexiva:

- Individual o en Grupo: Cada fábula puede leerse individualmente o en grupo, como parte de una actividad escolar o familiar. Después de la lectura, es recomendable dedicar un tiempo a reflexionar sobre la moraleja y las lecciones económicas presentadas.

2. Discusiones Guiadas:

- Preguntas de Discusión: Al final de cada fábula, se incluyen preguntas de discusión que invitan a profundizar en el entendimiento de los conceptos económicos. Estas preguntas pueden ser el punto de partida para debates en clase, en grupos de estudio o en el hogar, permitiendo compartir diferentes puntos de vista y aplicaciones prácticas.

3. Actividades Prácticas:

- Aplicación de Conceptos: Cada fábula se acompaña de actividades sugeridas que buscan aplicar los conceptos económicos en situaciones prácticas. Estas actividades están diseñadas para reforzar el aprendizaje a través de la experiencia directa y pueden incluir juegos de roles, proyectos de investigación, o ejercicios de planificación financiera personal.

4. Conexión con la Vida Real:

- Análisis de Casos Reales: Se alienta a los lectores a identificar y analizar cómo los principios económicos presentados en las fábulas se aplican en situaciones de la vida real. Esto puede incluir el análisis de decisiones económicas personales, la discusión de noticias económicas actuales o la exploración de cómo las empresas y organizaciones aplican estos principios.

5. Desarrollo de Habilidades Financieras:

• Educación Financiera: El libro sirve como un recurso para desarrollar habilidades financieras básicas, como el ahorro, la inversión, y la gestión de recursos. Al contextualizar estos conceptos dentro de historias relatables, los lectores pueden comprender mejor la importancia de la planificación financiera y la toma de decisiones informadas.

6. Inspiración para la Acción:

• Emprendimiento y Creatividad: Las historias también buscan inspirar a los lectores a pensar de manera emprendedora y creativa, destacando la importancia de la innovación y la iniciativa personal en la economía.

"El Bosque de la Prosperidad" es una herramienta versátil que se presta tanto para el autoaprendizaje como para la enseñanza formal o informal. Al abordar conceptos económicos complejos a través de narrativas accesibles, el libro demuestra que aprender sobre economía y finanzas puede ser una experiencia gratificante y estimulante.

Capítulo 1: Fundamentos de Economía y Finanzas

Fábula 1: La Ardilla Ahorrativa y el Gran Invierno (Ahorro).

En el espeso manto del Bosque de la Prosperidad, donde cada árbol y arbusto susurraba secretos de antiguas sabidurías, vivía Alma, una ardilla de pelaje rojizo y ojos vivaces, famosa no solo por su astucia sino también por su previsión. Mientras las demás criaturas del bosque disfrutaban del generoso verano, llenando sus días con juegos y festines, Alma trabajaba incansablemente, recolectando bellotas doradas para almacenarlas en su escondite secreto.

"¿Por qué trabajas tan duro, Alma?" preguntaba la liebre, retozando entre las flores. "¡Ven y disfruta del sol con nosotros!"

Pero Alma, con una sonrisa sabia, respondía siempre: "El verano es generoso, pero el invierno es implacable. Y en la profundidad del frío, una bellota guardada es un tesoro más valioso que el día más cálido."

Los días se acortaron y el aire se enfrió, anunciando la llegada del invierno. Y cuando finalmente este se instaló sobre el Bosque de la Prosperidad con su manto helado, fue más severo de lo que cualquiera hubiera imaginado. Los árboles se desnudaron, y el suelo se endureció como el hierro, escondiendo cualquier alimento bajo una gruesa capa de nieve.

Las criaturas que habían danzado bajo el sol del verano ahora temblaban de frío y hambre. Una tras otra, se acercaron a la puerta de Alma, esperando alguna solución a su desdicha.

Con el corazón tan cálido como su escondite lleno, Alma abrió su tesoro a todos los que lo necesitaban, compartiendo las bellotas que con tanto esfuerzo había guardado. "El invierno nos ha enseñado una dura lección," les dijo, mientras se reunían en gratitud. "Pero juntos, encontraremos la manera de superarla."

Y así, mientras el invierno rugía fuera, dentro del hogar de Alma, el calor de la amistad y la planificación cuidadosa mantenía a raya al frío.

Lección Económica: La historia de Alma nos enseña la importancia de la previsión y el ahorro. En tiempos de abundancia, es tentador gastar sin pensar en el futuro. Sin embargo, la seguridad y la prosperidad a largo plazo a menudo dependen de nuestra capacidad para planificar y ahorrar para tiempos inciertos. Al igual que Alma, debemos recordar que prepararnos para el futuro es una forma de cuidar no solo de nosotros mismos sino también de aquellos que nos rodean.

Reflexión para el Viajero Moderno

En nuestro mundo, tan lleno de incertidumbres como el Bosque de la Prosperidad, la fábula de Alma nos recuerda la importancia de ser previsivos con nuestras finanzas. Ahorrar e invertir de manera inteligente puede parecer una tarea ardua en el momento, pero es la clave para asegurar nuestro bienestar y el de nuestras comunidades en el futuro. El acto de ahorrar, más que una tarea, es una práctica de esperanza y fe en el futuro, un futuro que, con sabiduría y diligencia, podemos hacer más brillante para todos.

Fábula 2: El Búho Sabio y la Crisis de las Bellotas (Diversificación y Riesgo).

En las profundidades del Bosque de la Prosperidad, donde las sombras susurraban cuentos de antaño y cada hoja vibraba con la música del viento, habitaba Bubo, un búho de imponente presencia y ojos que brillaban con la luz de la sabiduría acumulada a lo largo de incontables lunas. Mientras las criaturas del bosque se regocijaban en la abundancia de bellotas, Bubo observaba desde la cima de su anciana encina, su mirada atravesando las sombras del presente hacia las luces y sombras del mañana.

"Disfruten, pero no olviden guardar para el futuro," aconsejaba Bubo, pero sus palabras a menudo se perdían en el viento, llevadas lejos antes de que pudieran echar raíces en el corazón de quienes las escuchaban.

Un día, Bubo convocó a las criaturas del bosque. "La dependencia de una sola fuente de alimento," comenzó con su voz profunda, resonando a través del silencio expectante, "es como volar con una sola ala. Podéis elevaros por un momento, pero el más mínimo soplo de viento os hará caer."

Las criaturas, intrigadas pero confundidas, escuchaban atentamente.

"Debemos diversificar," continuó Bubo. "Así como el sabio viajero no sigue un único camino, nosotros no debemos depender solo de las bellotas. Busquemos juntos nuevas fuentes de alimento."

Inspirados por Bubo, el bosque se llenó de una nueva energía. Los animales comenzaron a explorar, descubriendo frutos, raíces y hongos que antes ignoraban. Algunos aprendieron a cultivar, otros a comerciar. La diversidad en su dieta no solo los hizo más fuertes sino también más unidos como comunidad.

Cuando una enfermedad golpeó los robles, diezmando las bellotas que tantas veces habían salvado del hambre a las criaturas del bosque, la crisis esperada no llegó. Gracias a la sabiduría de Bubo, habían creado un ecosistema de abundancia y resiliencia.

Lección Económica: La fábula de Bubo nos enseña la importancia de la diversificación, no solo en nuestra dieta sino también en nuestras inversiones y fuentes de ingreso. Al depender de una sola fuente, nos hacemos vulnerables a las crisis. Sin embargo, al explorar y desarrollar múltiples fuentes, podemos protegernos y asegurar nuestra prosperidad a largo plazo.

Reflexión para el Viajero Moderno

La lección de Bubo trasciende el Bosque de la Prosperidad y encuentra eco en nuestro mundo. En nuestras finanzas personales y empresariales, la diversificación es crucial para mitigar riesgos. Al invertir en diferentes activos, industrias y geografías, disminuimos el impacto negativo que un evento adverso en uno de ellos pueda tener sobre nuestra economía general. Así, la diversificación no es solo una estrategia financiera, sino una filosofía de vida que promueve la adaptabilidad y la resiliencia.

Capítulo 2: Emprendimiento y Espíritu Empresarial

Fábula 3: El Mapache Emprendedor y la Feria del Bosque (Emprendimiento).

En un claro iluminado por los suaves rayos del sol, en el corazón del Bosque de la Prosperidad, vivía Remy, un mapache con un espíritu inquieto y una mente llena de ideas brillantes. Remy observaba cómo cada animal del bosque poseía habilidades y talentos únicos, pero a menudo, estos se mantenían ocultos, compartidos solo dentro de sus propios círculos.

"¿Por qué no construir un lugar donde todos podamos compartir y celebrar nuestras habilidades?" pensó Remy. "Un mercado no solo para bienes, sino para ideas y talentos."

Con entusiasmo y determinación, Remy presentó su idea a los demás animales del bosque. Algunos dudaban, temerosos del cambio, mientras que otros veían en sus palabras la semilla de algo grande, algo que podría unir al bosque como nunca antes.

Trabajando juntos, animales de todas partes del bosque aportaron su parte: los castores ofrecieron madera para los puestos, las arañas tejieron decoraciones con sus telas, y los pájaros cantores prometieron música. Así nació la Feria del Bosque, un evento sin precedentes que prometía maravillas y sorpresas.

El día de la feria, el claro se transformó. Los puestos rebosaban de productos: miel dorada, frutos exquisitos, hierbas medicinales y artesanías finas. Pero lo más importante era el intercambio de ideas: el búho ofreció clases de sabiduría nocturna, la ardilla enseñó técnicas de recolección y almacenamiento, y el zorro, estrategias de negociación.

La feria se convirtió en un punto de encuentro, donde el valor no se medía solo en intercambios comerciales, sino en las relaciones forjadas y el conocimiento compartido. Remy, observando desde una rama alta, sonreía al ver su sueño hecho realidad.

Lección Económica: La historia de Remy el mapache nos enseña el valor del emprendimiento y la innovación. Al identificar una necesidad común y trabajar colectivamente para satisfacerla, se puede generar un impacto positivo en la comunidad. La Feria del Bosque simboliza la importancia de los mercados y el comercio no solo para la economía, sino también para el intercambio cultural y de conocimientos.

Reflexión para el Viajero Moderno

En nuestro mundo, la fábula de Remy resuena con la importancia de crear y aprovechar oportunidades para el emprendimiento. Nos recuerda que, al unir nuestras habilidades y recursos, podemos crear algo mayor que la suma de sus partes. La innovación y el espíritu emprendedor impulsan el progreso y fomentan un sentido de comunidad y cooperación. Así, la Feria del Bosque nos inspira a buscar y crear espacios donde el intercambio de ideas y servicios enriquezca a todos los involucrados.

Fábula 4: La Tortuga y la Liebre: Una Carrera Económica (Estrategias de Crecimiento).

En las orillas del río que serpentean a través del Bosque de la Prosperidad, dos viejas amigas, Tara la Tortuga y Lila la Liebre, conversaban bajo la sombra de un gran roble. Lila, siempre enérgica y rápida, proponía una nueva aventura cada día, mientras que Tara, reflexiva y metódica, prefería planear cada paso con cuidado.

"¡Deberíamos abrir nuestros negocios!" exclamó Lila un día, con ojos brillantes de emoción. "¡Imagina todo lo que podríamos hacer si tenemos éxito!"

Tara asintió, pensativa. "Es una excelente idea, Lila, pero debemos planificarlo bien. El éxito no llega de la noche a la mañana."

Ignorando el consejo de Tara, Lila se lanzó de cabeza a su proyecto. Abrió un puesto de venta de jugos de bayas, confiando en que su velocidad para recolectar frutas frescas cada mañana sería suficiente para garantizar el éxito. Tara, por su parte, decidió abrir una librería, reuniendo cuidadosamente una colección de libros y pergaminos, desde antiguas historias del bosque hasta guías sobre hierbas medicinales.

Los primeros días, la energía y entusiasmo de Lila atrajeron a muchos clientes. Mientras tanto, el negocio de Tara empezaba lentamente, con apenas unos pocos visitantes curiosos.

Sin embargo, con el tiempo, la situación comenzó a cambiar. Lila luchaba por mantener el ritmo, agotándose por las largas jornadas de recolección y venta, y a menudo, las bayas se agotaban antes del mediodía. Por otro lado, la librería de Tara se convirtió en un punto de encuentro popular, un lugar donde los animales del bosque venían no solo a comprar sino a compartir historias y conocimientos. Tara organizaba eventos, lecturas y debates que enriquecían a la comunidad, creando un negocio sostenible y en crecimiento.

Lección Económica: La fábula de Tara y Lila ilustra la importancia de la planificación y la paciencia en el emprendimiento. Mientras que la velocidad y el entusiasmo pueden generar un impacto inicial, la sostenibilidad y el crecimiento a largo plazo requieren de una estrategia bien pensada y la capacidad de adaptarse y evolucionar.

Reflexión para el Viajero Moderno

Esta historia nos recuerda que, en el mundo de los negocios y las finanzas, tanto la velocidad como la paciencia tienen su lugar. La liebre nos enseña que la iniciativa y el entusiasmo son valiosos, pero la tortuga subraya la importancia de la estrategia y la perseverancia. La verdadera clave del éxito económico y personal radica en encontrar el equilibrio adecuado entre estos enfoques, adaptándose a las circunstancias y preparándose para el futuro con sabiduría y previsión.

Capítulo 3: Inversión y Mercados Financieros

Fábula 5: El Zorro Inversor y el Campo de Bayas Doradas (Inversión).

En un rincón olvidado del Bosque de la Prosperidad, oculto entre las colinas más altas y los valles más profundos, crecía un campo de bayas doradas, cuyos frutos brillaban bajo el sol como pequeñas joyas. Este campo era un secreto bien guardado, conocido solo por Finnick, un zorro astuto con un ojo para los negocios.

Finnick había descubierto el campo por casualidad, durante una de sus expediciones en busca de tesoros ocultos. Al probar las bayas, no solo descubrió su delicioso sabor, sino también sus propiedades únicas: al comerlas, los animales del bosque se sentían más felices y llenos de energía.

"Estas bayas podrían ser más valiosas que cualquier tesoro," pensó Finnick. "Pero para aprovecharlas al máximo, debo ser paciente y pensar a largo plazo."

En lugar de consumir o vender de inmediato las bayas, Finnick decidió invertir en el campo. Cuidó las plantas, protegió el campo de intrusos y, lo más importante, aprendió a cultivar las bayas doradas para asegurar su crecimiento año tras año.

A medida que pasaban las estaciones, el secreto de Finnick comenzó a dar frutos, literalmente. Cuando finalmente trajo las bayas doradas al mercado del Bosque de la Prosperidad, su sabor y efectos mágicos causaron sensación. Todos querían probar las bayas doradas, y Finnick pudo venderlas a un precio que reflejaba su rareza y valor.

Con las ganancias, Finnick no solo enriqueció su vida sino que también invirtió en la comunidad, ayudando a financiar proyectos que beneficiaban a todos en el bosque. Había demostrado que, con paciencia, cuidado y visión a largo plazo, las inversiones iniciales podían transformarse en beneficios sostenidos para muchos.

Lección Económica: La historia de Finnick enseña el valor de la inversión y la paciencia. Al invertir recursos en algo con potencial de crecimiento, y tener la paciencia para esperar que madure, podemos obtener beneficios sustanciales. La planificación a largo plazo y el desarrollo sostenible son claves para el éxito en cualquier empresa.

Reflexión para el Viajero Moderno

Finnick, el zorro inversor, nos muestra que el verdadero valor de una inversión no siempre se mide por su retorno inmediato. A veces, las recompensas más significativas requieren tiempo, dedicación y la visión para ver más allá del beneficio instantáneo. En nuestras vidas, al enfrentarnos a decisiones financieras o de inversión, recordemos la importancia de investigar, planificar y pensar en el futuro, no solo para nuestro beneficio, sino también para el bienestar de la comunidad y el entorno que nos rodea.

Fábula 6: El Erizo y el Banco de Semillas (Crédito e Inversión).

En una pequeña esquina del Bosque de la Prosperidad, Edgar, un erizo sabio y de buen corazón, notó algo preocupante: aunque la temporada de cosechas había sido generosa, muchos de los habitantes del bosque no tenían suficientes provisiones para el invierno. Observó que, año tras año, algunos animales disfrutaban de abundancia mientras que otros apenas lograban sobrevivir.

"Debe haber una manera de ayudar a todos a prosperar," reflexionó Edgar. Así, con su mente siempre activa, ideó un plan generoso y lleno de ingenio: crearía un banco de semillas, no de dinero, sino de semillas reales, el oro verde del bosque.

Con la ayuda de sus amigos, Edgar recogió semillas de todo tipo: frutas, flores, hierbas, y árboles. "Estas semillas son el principio de una nueva prosperidad para todos," anunció a sus vecinos. "Quien necesite semillas para plantar puede venir a mi banco. Solo pido que, cuando cosechen, devuelvan algunas semillas más de las que tomaron. De esta manera, habrá siempre suficiente para el siguiente."

Los habitantes del bosque, inicialmente escépticos, pronto vieron los frutos de su labor. Los que habían tomado semillas de Edgar volvían con más de las que habían recibido, y el banco creció rápidamente. Con el tiempo, no solo había suficientes semillas para todos, sino que el bosque se volvió más verde y fértil que nunca. Había más alimentos disponibles, lo que significaba menos hambre durante los inviernos.

Edgar el erizo había mostrado a todos que, con generosidad, cooperación y un poco de previsión, era posible crear un ciclo de prosperidad que beneficiara a todos. Su banco de semillas se convirtió en un símbolo de esperanza y comunidad, y Edgar, en uno de los más respetados y queridos habitantes del bosque.

Lección Económica: La fábula del erizo y su banco de semillas ilustra la importancia de la inversión comunitaria y el ahorro. Al compartir recursos y trabajar juntos hacia un objetivo común, se pueden superar las dificultades individuales y mejorar el bienestar colectivo. Este relato enseña sobre la importancia de la reciprocidad y la responsabilidad compartida en la economía.

Reflexión para el Viajero Moderno

En el mundo actual, el concepto del banco de semillas de Edgar nos recuerda la importancia de invertir en nuestra comunidad y en el futuro. Al ayudar a otros y contribuir a proyectos comunitarios, no solo estamos asegurando nuestro bienestar, sino que también estamos fortaleciendo los lazos que nos unen. La historia nos invita a considerar cómo nuestras acciones y decisiones financieras pueden impactar positivamente en nuestro entorno y en las generaciones futuras, creando un ciclo de prosperidad y abundancia para todos.

Capítulo 4: Comercio y Economía Global

Fábula 7: Las Hormigas Constructoras y el Puente de Comercio (Comercio Internacional).

En el vibrante corazón del Bosque de la Prosperidad, dos comunidades separadas por un ancho y caudaloso río vivían en relativa armonía, pero con poca interacción. Al norte del río, un grupo diligente de hormigas había establecido una floreciente colonia, famosa por sus habilidades en la construcción y la agricultura. Al sur, una diversidad de criaturas, desde ardillas hasta conejos, compartían un bosque repleto de recursos naturales variados y valiosos. Sin embargo, el río, con sus rápidas corrientes, representaba una barrera formidable que limitaba el intercambio entre las dos comunidades.

Observando esta división, la Reina de las Hormigas, una líder visionaria y astuta, convocó a una reunión. "Si construimos un puente sobre el río," propuso, "podemos unir nuestras comunidades, permitiendo el libre flujo de bienes y sabiduría entre nosotros. Juntos, seremos más fuertes y prósperos."

Inspiradas por la visión de su reina, las hormigas se pusieron en marcha. Con su conocida eficiencia y trabajo en equipo, empezaron la construcción de un puente, utilizando materiales resistentes y técnicas avanzadas. La noticia del proyecto llegó a la comunidad del sur, y aunque inicialmente hubo escepticismo, la curiosidad y la posibilidad de nuevos mercados para sus productos convencieron a muchos de ayudar.

El proyecto del puente se convirtió en un esfuerzo colectivo, con criaturas de ambos lados del río aportando su parte. Las ardillas ofrecieron sus habilidades para trepar y alcanzar los lugares más altos, mientras que los castores compartieron su expertia en trabajar con madera.

Tras meses de duro trabajo, el puente se completó. La inauguración fue una gran celebración, con alimentos, productos y conocimientos fluyendo libremente entre las dos orillas. El puente no solo facilitó el comercio, sino que también fomentó la amistad y la colaboración, uniendo a las comunidades de una manera que nunca habían imaginado posible.

Lección Económica: La historia de las Hormigas Constructoras y el Puente de Comercio enseña sobre la importancia de la infraestructura en el desarrollo económico. Al superar barreras físicas y promover la cooperación, se pueden abrir nuevos mercados y oportunidades, estimulando el crecimiento y la prosperidad para todos los involucrados.

Reflexión para el Viajero Moderno

En nuestro mundo interconectado, esta fábula resuena con la importancia de construir puentes, tanto literales como metafóricos, para superar divisiones y fomentar el intercambio cultural y económico. Nos recuerda que, trabajando juntos, podemos superar obstáculos y crear oportunidades para el crecimiento mutuo y el entendimiento. El puente de las hormigas simboliza la innovación y la colaboración, principios fundamentales para alcanzar una prosperidad compartida en nuestra comunidad global.

Fábula 8: La Carrera de Relevos de los Conejos Comerciantes (Logística y Comercio).

En una pradera espaciosa a un lado del Bosque de la Prosperidad, una familia de conejos emprendedores ideó un plan innovador para mejorar el comercio dentro del bosque. Observaron que, aunque las comunidades del bosque producían una gran variedad de bienes valiosos, el transporte lento y la comunicación deficiente entre las distintas áreas limitaban severamente el comercio.

"Si pudiéramos acelerar la entrega de productos y mensajes entre las comunidades, todo el bosque prosperaría," reflexionó Carlos, el más joven de los conejos, mientras masticaba pensativamente una brizna de hierba.

Inspirados por la velocidad y agilidad naturales de su familia, los conejos propusieron una red de relevos. Cada conejo sería responsable de una sección del bosque, pasando paquetes y mensajes al siguiente conejo en la línea con rapidez y eficiencia.

La idea fue recibida con entusiasmo, y pronto, conejos de todas partes se unieron al proyecto. Diseñaron cuidadosamente la ruta, asegurando que cubriera las principales áreas del bosque y conectara las comunidades más remotas.

El día del lanzamiento, los primeros paquetes y mensajes fueron entregados con éxito, sorprendiendo a todos con la velocidad del servicio. Lo que antes tardaba días en llegar, ahora podía ser entregado en cuestión de horas.

El impacto fue inmediato y profundo. Los productores podían enviar sus bienes a mercados más lejanos sin temor a que se estropearan en el camino. Las noticias y los mensajes importantes se difundían rápidamente, permitiendo una mejor coordinación y cooperación entre las comunidades. La red de relevos no solo estimuló el comercio, sino que también fortaleció los lazos sociales y culturales en todo el bosque.

Lección Económica: La fábula de la Carrera de Relevos de los Conejos Comerciantes subraya la importancia de la logística y la eficiencia en el sistema económico. Mejorar la velocidad y la fiabilidad de la entrega puede abrir nuevos mercados, aumentar el comercio y fomentar la innovación, beneficiando a la economía en su conjunto.

Reflexión para el Viajero Moderno

Esta historia nos recuerda que, en nuestro mundo globalizado, la logística y la eficiencia en la entrega son cruciales para el éxito económico. La innovación en el transporte y la comunicación no solo facilita el comercio, sino que también nos acerca más como comunidad global, permitiéndonos compartir recursos, ideas y cultura más libremente. La iniciativa de los conejos comerciantes nos inspira a buscar soluciones creativas a los desafíos logísticos y a trabajar juntos para construir sistemas más eficientes y conectados.

Capítulo 5: Economía Sostenible y Ética

Fábula 9: El Ciervo y el Equilibrio Ecológico (Sostenibilidad).

En el vasto y diverso Bosque de la Prosperidad, vivía un ciervo sabio llamado Elden. Elden era conocido por su comprensión profunda del equilibrio de la naturaleza y su dedicación a preservar la armonía del bosque. A medida que el bosque crecía y sus habitantes prosperaban, Elden observó con preocupación cómo algunas prácticas estaban comenzando a dañar el entorno natural que sustentaba a todas las criaturas.

Elden decidió actuar. Convocó a una reunión de todos los habitantes del bosque y compartió su preocupación: "Nuestro bosque es generoso y nos ha dado todo lo que necesitamos para vivir. Pero debemos recordar que formamos parte de un ciclo mayor. Si tomamos más de lo que necesitamos, o si dañamos el hogar que compartimos, pronto descubriremos que hemos destruido lo que más valoramos."

Las palabras de Elden resonaron en el corazón de todos. "¿Qué podemos hacer para evitarlo?" preguntaron, genuinamente preocupados por el futuro de su hogar común.

"Debemos aprender a vivir de manera sostenible," respondió Elden. "Esto significa tomar solo lo que necesitamos, usar nuestros recursos de manera que se renueven y encontrar formas de vivir que mantengan el equilibrio de nuestro entorno."

Inspirados por Elden, las criaturas del bosque comenzaron a cambiar sus maneras. Los castores moderaron la construcción de sus represas para asegurarse de que no bloquearan completamente los cursos de agua. Las aves y los animales que recogían frutos y semillas empezaron a hacerlo de manera que no agotaran las reservas naturales. Incluso las hormigas, conocidas por su diligencia y eficiencia, encontraron maneras de reducir el impacto de sus cosechas en el suelo.

Con el tiempo, el Bosque de la Prosperidad se volvió más vibrante que nunca. El agua fluía más libremente, los árboles y las plantas crecían más fuertes, y los animales encontraban más fácilmente lo que necesitaban para vivir. El bosque, en su totalidad, se benefició del equilibrio restaurado.

Lección Económica: La fábula del Ciervo y el Equilibrio Ecológico destaca la importancia de la sostenibilidad en el manejo de los recursos naturales. En un sistema interconectado, las acciones de cada individuo afectan al conjunto. Aprender a vivir de manera que se preserve el equilibrio natural es esencial para el bienestar a largo plazo de cualquier economía y su entorno.

Reflexión para el Viajero Moderno

Esta historia nos recuerda que, tanto en la naturaleza como en nuestras economías, todo está interconectado. Las prácticas sostenibles no solo son fundamentales para la salud del planeta, sino que también aseguran que los recursos estén disponibles para las futuras generaciones. Elden, el ciervo sabio, nos enseña que el verdadero progreso y la prosperidad no se miden solo por el crecimiento económico, sino por nuestra capacidad para vivir en armonía con el mundo que nos rodea, preservando su belleza y recursos para el futuro.

Fábula 10: La Asamblea de los Pájaros y la Inflación de los Granos (Inflación).

En una época, el Bosque de la Prosperidad vivió una temporada de extraordinaria abundancia. Las lluvias habían sido generosas, y el suelo, fértil como nunca antes, había producido granos en cantidades sin precedentes. Las criaturas del bosque, especialmente los pájaros, se regocijaban al ver sus nidos y almacenes repletos hasta el borde. Sin embargo, esta abundancia trajo consigo un desafío inesperado.

Con tantos granos disponibles, su valor comenzó a disminuir. Lo que antes se intercambiaba por una variedad de bienes y servicios, ahora apenas alcanzaba para conseguir lo más básico. Los pájaros, que habían acumulado granos con la expectativa de que mantendrían su valor, se encontraron en una situación difícil.

Preocupados por esta inesperada vuelta de los acontecimientos, los pájaros convocaron una asamblea para discutir el problema. "Debemos encontrar una solución," aconsejó Cora, una sabia lechuza. "La abundancia es una bendición, pero también ha disminuido el valor de nuestros ahorros."

Después de muchas discusiones, los pájaros llegaron a una solución innovadora. En lugar de acumular los granos, decidieron invertir en la comunidad. Crearían fondos para proyectos que beneficiaran a todos en el bosque: desde la restauración de áreas dañadas por tormentas hasta la creación de reservas de agua para las temporadas secas.

A medida que los granos comenzaron a utilizarse en estos proyectos, su abundancia disminuyó y su valor empezó a estabilizarse. Más importante aún, los proyectos financiados con los granos no solo mejoraron la calidad de vida en el bosque sino que también fortalecieron los lazos entre sus habitantes.

Lección Económica: La historia de la Asamblea de los Pájaros y la Inflación de los Granos ilustra el concepto de inflación y cómo puede afectar el valor de la moneda o, en este caso, de los granos. La solución de los pájaros destaca la importancia de invertir en bienes comunes y proyectos comunitarios, que no solo ayudan a estabilizar la economía sino que también contribuyen al bienestar general.

Reflexión para el Viajero Moderno

Esta fábula nos recuerda que, en tiempos de abundancia económica, es crucial pensar en cómo podemos usar nuestros recursos de manera que beneficien no solo a individuos sino a toda la comunidad. La inversión en proyectos comunitarios y sostenibles puede ser una manera eficaz de asegurar que la prosperidad sea compartida y de mantener la estabilidad económica. Los pájaros del Bosque de la Prosperidad nos enseñan una lección valiosa sobre la responsabilidad financiera y el poder de la colaboración para enfrentar los desafíos económicos.

Capítulo 6: Manejo de Crisis y Estabilidad Económica

Fábula 11: El León Banquero y el Tesoro Escondido (Seguridad Financiera y Crisis).

En el reino del Bosque de la Prosperidad, un león de majestuosa melena dorada, conocido por todos como Leandro, fundó el primer banco del bosque. Leandro era respetado no solo por su fuerza, sino también por su sabiduría y justicia. Observó que, aunque muchos habitantes del bosque trabajaban duro y recolectaban recursos, no todos tenían un lugar seguro donde guardar sus ahorros.

"Venid a mi banco," rugió Leandro desde la roca más alta, "y yo protegeré vuestros ahorros. Además, os ayudaré a hacerlos crecer a través del tiempo."

Animales de todo el bosque, intrigados y esperanzados, comenzaron a depositar sus ahorros en el banco de Leandro. Y tal como prometió, sus ahorros no solo estaban seguros, sino que también comenzaron a aumentar, gracias a las sabias inversiones del león.

Un día, mientras exploraba una parte remota del bosque, Leandro descubrió una cueva oculta, llena de tesoros increíbles. Joyas brillantes, monedas de oro y piedras preciosas, todas abandonadas por un tiempo inmemorial. "Este tesoro podría beneficiar a todo el bosque," pensó. Pero también sabía que revelar el tesoro de golpe podría traer más problemas que soluciones. "La abundancia repentina puede llevar a la imprudencia y al desperdicio," reflexionó Leandro. "Debo encontrar una manera de usar este tesoro para el bien de todos, sin causar desequilibrio."

Leandro ideó un plan cuidadoso. En lugar de inundar el mercado con el tesoro de una sola vez, lo introduciría lentamente, financiando proyectos que beneficiaran a la comunidad y ofreciendo préstamos a bajo interés para aquellos que querían construir o expandir sus negocios de manera sostenible. Su objetivo era fomentar el crecimiento y la prosperidad en el bosque, sin provocar inflación o disminuir el valor del trabajo duro.

Con el tiempo, el bosque prosperó como nunca antes. Los recursos del tesoro ayudaron a construir escuelas, hospitales y mercados, y a mejorar los caminos y puentes. La economía del bosque se fortaleció, y con ella, la confianza y gratitud hacia Leandro.

Pero Leandro, sabio como era, siempre recordaba a sus amigos del bosque la importancia de la prudencia y la planificación a largo plazo. "Este tesoro nos ha dado mucho," decía, "pero el verdadero tesoro siempre ha estado aquí, en el trabajo duro de cada uno de vosotros y en la comunidad que hemos construido juntos."

Lección Económica: La fábula de El León Banquero y el Tesoro Escondido nos enseña sobre la importancia de la gestión prudente de los recursos y la riqueza. Introducir grandes cantidades de riqueza repentinamente en una economía puede llevar a problemas como la inflación, pero si se maneja con cuidado y se invierte en el bienestar común, puede fomentar un crecimiento sostenible y duradero.

Reflexión para el Viajero Moderno

La historia de Leandro el león nos recuerda que, aunque encontrar un "tesoro" puede parecer la solución a todos nuestros problemas, su manejo requiere sabiduría y previsión. La verdadera prosperidad se construye sobre decisiones financieras prudentes, inversiones en la comunidad y el valor del trabajo colectivo. Este enfoque equilibrado garantiza que los beneficios de la riqueza se extiendan ampliamente y se sostengan a lo largo del tiempo, creando un legado de bienestar para las generaciones futuras.

Fábula 12: La Ardilla y el Árbol de la decisión (basada en el manejo de crisis económicas).

En el corazón del Bosque de la Prosperidad, donde las sombras bailan con la luz del sol y cada brisa lleva historias de antiguos misterios, vivía una ardilla llamada Serafina. Serafina era conocida por su curiosidad y su espíritu aventurero, siempre buscando nuevos desafíos y aprendizajes. Sin embargo, su última aventura la llevaría a enfrentar una crisis como ninguna otra.

Durante uno de sus paseos matutinos, Serafina descubrió un árbol que nunca había visto antes. Era un árbol majestuoso, con hojas que brillaban con tonos de oro y plata, y en su tronco, grabadas, había palabras que decían: "Árbol de la Decisión". Junto al árbol, un cartel explicaba que quien se parase bajo sus ramas y tomase una decisión difícil, encontraría en sus frutos la sabiduría para resolver cualquier crisis.

Intrigada, Serafina trepó al árbol y, pensando en el bienestar del bosque, deseó encontrar una solución a la reciente escasez de agua que amenazaba a todos sus habitantes. Al momento de tomar su decisión, un fruto dorado cayó en sus manos. Al morderlo, su mente se inundó de ideas claras y brillantes.

Con la sabiduría del fruto, Serafina ideó un plan para construir un sistema de recolección de agua de lluvia y enseñó a todos en el bosque cómo conservar el agua durante los períodos de escasez. También lideró la creación de pequeños jardines de lluvia en todo el bosque, que ayudaban a recolectar y filtrar el agua de lluvia, reponiendo las fuentes de agua subterránea.

Gracias a la decisión de Serafina y al trabajo conjunto de la comunidad, el bosque superó la crisis del agua. El Árbol de la Decisión se convirtió en un símbolo de la importancia de enfrentar los problemas con valentía y sabiduría, recordando a todos que, incluso en los momentos más difíciles, las soluciones están al alcance si se está dispuesto a buscarlas.

Lección Económica: La fábula de La Ardilla y el Árbol de la Decisión resalta la importancia de la toma de decisiones informadas y la gestión de crisis. En situaciones difíciles, la innovación y la colaboración comunitaria pueden ser claves para encontrar soluciones sostenibles que beneficien a todos.

Reflexión para el Viajero Moderno

Esta historia nos inspira a enfrentar los desafíos económicos y ambientales con creatividad y cooperación. Nos recuerda que, aunque las crisis pueden parecer insuperables, a menudo podemos superarlas tomando decisiones valientes y trabajando juntos hacia soluciones comunes. La sabiduría para superar las crisis reside no solo en la innovación y la acción individual, sino también en la fortaleza de nuestra comunidad y nuestra capacidad para unirnos en tiempos de necesidad.

Glosario

- Términos económicos y financieros utilizados en el libro explicados de forma sencilla.

1. Ahorro: Guardar dinero o recursos para usarlos en el futuro. Como cuando Alma, la ardilla, almacena bellotas para el invierno.

2. Diversificación: Repartir inversiones o recursos entre varias opciones para reducir el riesgo. Similar a cómo Bubo, el búho, aconsejó no depender solo de las bellotas.

3. Inversión: Usar dinero o recursos con la esperanza de obtener más beneficios en el futuro, como hizo el Zorro con el campo de Bayas Doradas.

4. Crédito: La capacidad de obtener bienes o servicios antes de pagarlos, basado en la confianza de que se pagará en el futuro. El Erizo creó un "banco de semillas" como un sistema de crédito para las semillas.

5. Inflación: El aumento de precios de bienes y servicios con el tiempo, lo que puede disminuir el valor del dinero. Como sucedió con los granos en la historia de la Asamblea de los Pájaros.

6. Sostenibilidad: Practicar el uso de recursos de manera que no se agoten en el futuro, manteniendo un equilibrio ecológico y económico. El Ciervo y su enfoque en mantener el equilibrio ecológico del bosque es un ejemplo.

7. Infraestructura: Las instalaciones y estructuras necesarias para el funcionamiento de una sociedad, como carreteras, puentes y edificios. Las Hormigas Constructoras construyeron un puente que sirvió como infraestructura para mejorar el comercio.

8. Mercado: Un sistema donde compradores y vendedores intercambian bienes y servicios. La Feria del Bosque creada por el Mapache es un ejemplo de mercado.

9. Logística: La gestión del transporte y la entrega de recursos. La red de relevos de los Conejos Comerciantes mejoró la logística en el bosque.

10. Gestión de crisis: La capacidad de manejar situaciones difíciles y encontrar soluciones efectivas. La Ardilla y el Árbol de la Decisión representan cómo se puede gestionar una crisis de escasez de agua.

11. Economía doméstica: El manejo de los recursos y finanzas de un hogar o una comunidad pequeña. La cuidadosa planificación de Alma para el invierno ilustra principios de economía doméstica.

12. Emprendimiento: La acción de iniciar nuevos proyectos o negocios, especialmente aquellos que implican riesgo. El Mapache y su idea de la Feria del Bosque son ejemplos de emprendimiento.

13. Retorno sobre la inversión (ROI): La ganancia obtenida sobre una inversión, comparada con su costo. El éxito del Zorro Inversor con las Bayas Doradas muestra un alto ROI.

Este glosario resume conceptos fundamentales que se exploran a lo largo del libro, presentados de manera que sean accesibles y entendibles para lectores de todas las edades.

Apéndice

- Actividades y preguntas de discusión basadas en cada fábula.

Fábula 1: La Ardilla Ahorrativa y el Gran Invierno

- Actividad: Organiza un juego de rol en el que cada participante planifique cómo ahorrar recursos para diferentes escenarios de "invierno" (por ejemplo, una semana sin poder comprar comida).
- Pregunta de Discusión: ¿Cómo puede el hábito de ahorrar de la ardilla aplicarse a la gestión de tu propio dinero o recursos?

Fábula 2: El Búho Sabio y la Crisis de las Bellotas

- Actividad: Crea un "mapa de diversificación" donde los estudiantes dibujen y planifiquen cómo diversificarían sus propios recursos o inversiones en distintas áreas de su vida.
- Pregunta de Discusión: ¿Por qué es importante no depender de una sola fuente de ingreso o recurso, según la lección del búho?

Fábula 3: El Mapache Emprendedor y la Feria del Bosque

- Actividad: Diseña tu propio puesto para una feria del bosque. ¿Qué venderías o qué servicio ofrecerías? Haz un cartel publicitario para tu puesto.
- Pregunta de Discusión: ¿Cómo contribuyen los emprendimientos personales al bienestar de una comunidad?

Fábula 4: La Tortuga y la Liebre: Una Carrera Económica

- Actividad: Realiza un debate sobre la importancia de la velocidad versus la calidad en el desarrollo de productos o servicios.
- Pregunta de Discusión: ¿Qué enseñanza nos deja la competencia entre la tortuga y la liebre en términos de crecimiento personal y profesional?

55

Fábula 5: El Zorro Inversor y el Campo de Bayas Doradas

• Actividad: Simula una inversión en el aula. Los estudiantes pueden "invertir" puntos en diferentes "empresas" creadas por sus compañeros y ver cómo evolucionan a lo largo de varias semanas.
• Pregunta de Discusión: ¿Cuáles son los riesgos y beneficios de invertir en recursos naturales, como hizo el Zorro con las Bayas Doradas?

Fábula 6: El Erizo y el Banco de Semillas

• Actividad: Realiza un proyecto de jardinería en el que cada estudiante plantará semillas y llevará un diario de su crecimiento, aplicando el concepto de "devolver más de lo que se toma".
• Pregunta de Discusión: ¿Cómo puede el concepto del banco de semillas aplicarse para ayudar a comunidades en necesidad?

Fábula 7: Las Hormigas Constructoras y el Puente de Comercio

• Actividad: Construye un modelo de puente con materiales reciclados, enfocándose en cómo puede mejorar la conectividad entre diferentes áreas de una comunidad.
• Pregunta de Discusión: ¿De qué manera la infraestructura, como puentes y carreteras, afecta la economía de una región?

Fábula 8: La Carrera de Relevos de los Conejos Comerciantes

• Actividad: Organiza una carrera de relevos en la que cada "estación" represente un obstáculo logístico que debe ser resuelto para entregar un "producto" al final.
• Pregunta de Discusión: ¿Cómo la eficiencia en la entrega de productos y servicios influye en la satisfacción del cliente y en el éxito de un negocio?

Fábula 9: El Ciervo y el Equilibrio Ecológico

• Actividad: Inicia un proyecto de clase para reducir la huella ecológica de la escuela, inspirado en las acciones del Ciervo para preservar el bosque.
• Pregunta de Discusión: ¿Cómo pueden las prácticas sostenibles en negocios y comunidades contribuir al bienestar del medio ambiente?

Fábula 10: La Asamblea de los Pájaros y la Inflación de los Granos

• Actividad: Juega un simulacro de mercado donde los estudiantes pueden "comprar" y "vender" bienes. Introduce una "abundancia" de un bien para ver cómo afecta los precios y las decisiones de los estudiantes.
• Pregunta de Discusión: ¿Qué estrategias pueden usar las economías para manejar la inflación y asegurar que el valor de la moneda se mantenga estable?

Fábula 11: El León Banquero y el Tesoro Escondido

• Actividad: Crea una "caja del tesoro" para la clase donde los estudiantes puedan depositar ideas sobre cómo mejorar su escuela o comunidad. Periodicamente, voten y elijan una idea para implementar.
• Pregunta de Discusión: ¿Cómo puede la riqueza ser usada responsablemente para beneficiar al mayor número de personas posible?

Fábula 12: La Ardilla y el Árbol de la Decisión

• Actividad: Escribe un diario de decisiones donde cada estudiante reflexione sobre una decisión difícil que tuvieron que tomar y cómo la resolvieron.
• Pregunta de Discusión: ¿Qué importancia tienen la toma de decisiones informadas y la resolución de problemas en nuestra vida cotidiana y en la gestión de crisis?

Sobre el autor

Alberto Abel Yánez Walker, nacido en la vibrante ciudad de La Habana, Cuba, es un emprendedor autodidacta apasionado por desentrañar los misterios de la economía, finanzas, inversión en bolsa, empresas y negocios. Aunque su formación académica lo llevó a graduarse como profesor de educación física deportiva, su curiosidad insaciable y su sed de conocimiento lo guiaron por un camino distinto al de su formación original.

Alberto presenta ahora su primera obra publicada, un reflejo de su jornada autodidacta y de su dedicación a compartir su comprensión sobre temas cruciales que afectan a individuos y sociedades por igual. Inspirado por figuras icónicas como Robert Kiyosaki y Warren Buffett, quienes han ejercido una influencia significativa y positiva en su vida, Alberto busca transmitir ese mismo impacto a través de sus escritos para cautivar a niños y mayores que deseen aprender sobre este interesante mundo.

Su estilo, sencillo y directo, invita a los lectores a explorar el lenguaje universal del dinero, abordando temas de gran importancia con claridad y precisión. Alberto es un firme creyente en el crecimiento personal y en la superación constante, esforzándose cada día por ser una mejor versión de sí mismo, con un compromiso profundo hacia la evolución personal y profesional.

Alberto Abel Yanez Walker se erige como un autor emergente cuya visión y enfoque no solo iluminan los aspectos prácticos de la economía y las finanzas, sino que también inspiran a sus lectores a buscar su propia superación y a entender el valor intrínseco de la evolución constante. A través de su primer libro, ofrece no solo conocimientos, sino también una invitación a emprender un viaje de crecimiento personal y financiero.

Índice temático

- El Ciervo y el Equilibrio Ecológico:

Gestión de la Inflación

- La Asamblea de los Pájaros y la Inflación de los Granos:

Manejo de Crisis y Resiliencia

- El León Banquero y el Tesoro Escondido:
- La Ardilla y el Árbol de la Decisión (Soluciones a la crisis del agua):

Principios de la Banca

- El León Banquero y el Tesoro Escondido (Introducción de un sistema bancario):

Toma de Decisiones Informadas

- La Ardilla y el Árbol de la Decisión:

Este índice temático organiza las fábulas del libro según los conceptos financieros que exploran, facilitando a los lectores encontrar historias que ilustren principios específicos de interés. Es una herramienta valiosa para educadores, padres y cualquier persona interesada en profundizar su comprensión de la economía y las finanzas a través de ejemplos narrativos accesibles y atractivos.

Contraportada

En el corazón del Bosque de la Prosperidad, un mundo mágico donde la naturaleza y las lecciones de vida se entrelazan, se despliega una colección única de fábulas sobre economía y finanzas. "El Bosque de la Prosperidad: Fábulas Económicas para el Viajero Moderno" es un viaje encantador a través de historias que revelan los principios fundamentales de la economía de manera accesible y emocionante.

Cada fábula, protagonizada por animales del bosque enfrentando dilemas y oportunidades, teje una rica tapicería de lecciones sobre ahorro, inversión, emprendimiento, y más. Desde la prudente ardilla que enseña la importancia del ahorro hasta el ingenioso zorro cuyas aventuras desmitifican la inversión, estas historias capturan la esencia de conceptos económicos complejos, transformándolos en lecciones de vida valiosas y comprensibles.

Ideal para jóvenes lectores y adultos por igual, este libro no solo educa sino que también inspira, fomentando una comprensión más profunda de cómo la economía influye en nuestra vida cotidiana y en las decisiones que tomamos. "El Bosque de la Prosperidad" es una invitación a explorar el fascinante mundo de la economía y las finanzas, descubriendo que el camino hacia la sabiduría financiera puede estar lleno de aventura, magia y descubrimiento.

Únete a nosotros en esta travesía por el Bosque de la Prosperidad, donde cada fábula es una puerta hacia el entendimiento, la reflexión y, finalmente, hacia una vida más rica y equilibrada.

www.ingramcontent.com/pod-product-compliance
Lightning Source LLC
Chambersburg PA
CBHW040324010626
45792CB00024B/2111

* 9 7 9 8 8 8 4 6 2 5 8 0 8 *